Gut geschissen?!

...Das Klobuch des unnützen Filmwissens

© Andreas Port
2015

AF139211

GEBRAUCHSANWEISUNG

FÜR DEN GASTGEBER:
- Kugelschreiber an das Buch stecken
- Das Buch gut sichtbar neben dem Klo platzieren

FÜR DEN GAST
- Hosen runter lassen.
- Hinsetzen.
- Lesen + Geschäft erledigen.
- Vor dem Weglegen eine Unterschrift, oder Kommentar im Bereich „Gästebucheintrag" Hinterlassen.
- Popo abwischen.
- Die Beweise für das Geschäft vernichten
- Hände gründlich reinigen.
- Toilette so hinterlassen, wie sie sie vorgefunden hatte.

DANKE

ANMERKUNG DES AUTORS:

Ich habe gründlich recherchiert und kann ihnen daher versichern, dass zumindest 95% der hier überlieferten Sachen der Wahrheit entsprechen.

Mit freundlichen Grüßen
Andreas Port

"Stirb Langsam" entstand aus einem verworfenen Drehbuch für die Fortsetzung des Schwarzenegger-Actioners "Phantom Kommando".

Buddy Ebsen, der ursprüngliche Zinn-Mann in "Der Zauberer von OZ" (1939) musste seine Rolle aufgeben, weil er vom Metallpulver im Make-Up krank wurde.

Gästebucheintrag:

_____

_____

_____

_____

_____

_____

_____

Samuel L. Jackson bestand darauf, dass der Film "Snakes on a Plane" seinen ursprünglichen Titel beibehielt, weil dieser der einzige Grund war, warum er sich überhaupt auf das Projekt einließ.

Um auf Computer-Effekte (CGI) zu verzichten, ließ Tim Burton für den Film "Charlie und die Schokoladenfabrik" 40 echte Eichhörnchen dazu trainieren, wie man Nüsse knackt.

Gästebucheintrag:

_____

_____

_____

_____

_____

Dumm gelaufen, und trotzdem gewonnen!
Der Gag in der **"Rocky Horror Picture Show"**, in dem der an einen Rollstuhl gefesselte Jonathan Adams durch eine Wand kracht, entstand nur, weil die Kulissenmacher vergasen eine Tür in die Wand zu bauen.

Weil ein Reisverschluss geplatzt war, musste sich Olivia Newton John in ihre Hose nähen lassen, um die letzte Szene in **"Grease"** fertig zu stellen.

Gästebucheintrag:

_____
_____
_____
_____
_____

Hoyt Axton, der im **"Gremlins"** den Erfinder und Vater der Familie Peltzer spielt, war auch ein erfolgreicher Folk-Sänger in den 60ern. Sein bekanntestes Lied "The Pusher" wurde von "Steppenwolf" gecovert und für den Soundtrack von "Easy Rider" verwendet.

Die Klänge der Brachiosaurier in **„Jurassic Park"** sind eine Mischung aus Walgesang und Eselsklängen.

Gästebucheintrag:

_____

_____

_____

_____

_____

_____

Bill Murry war ursprünglich ganz oben für die Hauptrolle des „**Batman**" gehandelt. ...Bis Tim Burton den Regieposten bekam.

Twisted! George Clooney, Jennifer Lopes und Ving Rhames stellen in dem Film **"Out of Sight"** das genaue Gegenteil der von ihnen verkörperten Charaktere aus Elmor Leonard´s Vorlage dar. Im Buch handelt es sich bei ihren Rollen um einen Fünfzigjährigen, eine Blondine und einen weißen Redneck.

Gästebucheintrag:

_____

_____

_____

_____

_____

In **„Das Vermächtnis der Tempelritter"** benutzen die Guten Google, während die Bösen auf Yahoo setzen.

Aus Angst vor Raubkopien, fertigte Universal für **"E.T"** speziell grüne Videokassetten für den Handel an.
Es funktionierte: Diese gingen weg, wie warme Semmeln, und der Film brach alle Rekorde im Heimkinosektor.

Gästebucheintrag:

_____

_____

_____

_____

_____

_____

_____

"Django Unchained" war, seit 16 Jahren, der erste Film bei dem Leonardo Dicaprio nicht der bestbezahlteste Schauspieler im Cast war.

Filmangebote, denen **Sean Connery** eine Absage erteilt hat: **Matrix, Herr der Ringe, Jurassic Park, Blade Runner** und natürlich dem vierten **Indiana Jones**

Gästebucheintrag:

_____

_____

_____

_____

_____

Als beim Dreh von **"Jurassic Park"** ein Hurrikane auf das Set traf, wurde die Crew schnell in Sicherheit geflogen.
Der Pilot war Fred Sorenson, der auch in der Eröffnungssequenz aus dem ersten **"Indiana Jones"** den Piloten gespielt hat.

Gästebucheintrag:

_____

_____

_____

_____

_____

_____

_____

_____

_____

_____

Während des Drehs von **"Chinatown"** datete Jack Nicholson, die Tochter von John Huston, der im Film Nicholsons Widersacher spielte.
Eines Tages besuchte die Tochter das Set, genau in dem Augenblick als Hustons Figur zu Nicholson's die Frage stellte "Hast du mit meiner Tochter geschlafen?".

Gästebucheintrag:

_____

_____

_____

_____

_____

_____

_____

Dooley Wilson, der in **"Casablanca"** den Sam spielte, war zwar professioneller Musiker, konnte aber kein Klavier spielen.
Der Schlagzeuger imitierte beim Dreh einfach einen Pianisten, der außerhalb des Sichtfelds der Kamera aufgestellt wurde.

Talentiert! Das Oben-Ohne-Bild von Kate Winslet in **"Titanic"** wurde von James Cameron persönlich gezeichnet.

Gästebucheintrag:

_____

_____

_____

_____

_____

_____

Für den Film "**Dr. Seltsam... Oder, wie ich lernte die Bombe zu lieben**", bekam Peter Sellers als Gage knapp eine Million Doller, was in etwas 55% des Budgets entsprach. Stanley Kubrik witzelte darüber: Ich habe Drei zum Preis von Sechs bekommen.

Der Film **"Showgirls"** hält, mit 13 Auszeichnungen, den Rekord für die meisten "Goldenen Himbeeren" (Anti-Oscar). Paul Verhoeven war der erste Regisseur, der die verhasste Auszeichnung für den schlechtesten Film persönlich entgegen nahm.

Gästebucheintrag:

_____

_____

_____

_____

Ryan Gosling hat seine Rolle in Noha in **"The Notebook"** ("Wie ein einzige Tag") dem Umstand zu verdanken, weil Regisseur Nick Cassavates keinen gut aussehenden Schauspieler wollte.

"The Dark Knight" machte an den US-Kinokassen mehr Geld in den ersten 6 Tagen, als "Batman Begins" bei allen (amerikanischen) Veröffentlichungen zusammen.

Gästebucheintrag:

_____

_____

_____

_____

_____

Arnold Schwarzenegger bekam umgerechnet 21.429 Dollar Gage für jedes Wort, dass er in **"Terminator 2"** sagte.

Beim Dreh zu "Transformers 3 - Dark of the Moon" wurden 4.532 Autos zerstört.

Im ersten South Park Film **"South Park: Bigger, longer, uncut..."** fiel das Wort "Fuck" knapp 199 mal.

Gästebucheintrag:

_____

_____

_____

_____

_____

_____

Als Harvey Weinstein den Film **"Prinzessin Mononoke"** kürzen wollte, um ihn für die US-Zuschauer bekömmlicher zu machen, schickte ihm der Regisseur Hayao Miyazaki ein Katana-Schwert mit der Notiz "No cuts" ("Keine Schnitte").

Als Ben Affleck den Regisseur Micheal Bay beim Dreh zu **"Armageddon"** fragte, warum es einfacher sei Bohrspezialisten zu Astronauten auszubilden, statt umgekehrt, antwortete Bay: "Halt die Fresse… Darum!"

Der echte Frank Abagnale hat in **"Catch me if you can"** einen Gastauftritt. Er verhaftet als französischer Polizist Leonardo Dicaprio, der Frank Abagnale im Film spielt.

Disney lehnte es **ab "Zurück in die Zukunft"** zu produzieren, weil ihnen die Sohn-trifft-seine-heiße-junge-Mutter-Idee zu pikant vorkam.

Gästebucheintrag:

_____

_____

_____

_____

_____

Mit weltweit über einer Billion verkaufter Kinokarten, ist die **"SAW"**-Reihe die erfolgreichste Horrorreihe aller Zeiten.

Paul Schrader schrieb das Drehbuch zu **"Taxi Driver"** in fünf Tagen. Es wird gesagt, dass dabei auf seinem Schreibtisch eine geladene Waffe lag. Zwecks Inspiration und Motivation.

Gästebucheintrag:

_____

_____

_____

_____

_____

_____

"Star Wars" sollte ursprünglich "The Star Wars" heißen. Ohne das „The" klang es aber sauberer.

Das kleine Funkgerät, dass Liam Neeson in **"Star Wars: Episode 1"** verwendet, ist nichts weiter, als eine elektrischer Damenrasierer.

Gästebucheintrag:

_____

_____

_____

_____

_____

_____

_____

_____

_____

Für den Film **"Herr der Ringe - Die Rückkehr des Königs"** hatte Elijah Wood, in der Szene in der ihn die Riesenspinne Kankra sticht, Alka-Seltzer-Tabletten im Mund, damit Schaum heraus lief.

Gästebucheintrag:

_____

_____

_____

_____

_____

_____

_____

_____

_____

_____

Die Spieldauer allen Filmmaterials für den Film **"2001 - Odyssee im Weltall"** beträgt die zweihundertfache Länge des eigentlich Films.

Für **"Star Trek 2 - Der Zorn des Kahn"** musste Regisseur Nicholas Meyer mit William Shatner so viele unterschiedliche Einstellungen drehen, bis dieser erschöpft genug war, um tatsächlich schauspielerische Leistungen zu liefern.

Gästebucheintrag:

_____

_____

_____

_____

_____

_____

_____

Die Michael-Myers-Maske in Halloween ist tatsächlich eine bearbeitete Captain Kirk (William Shatner) Maske. Sie kostete zwei Dollar.

Christin Bale ließ sich für seine Rolle des Patrik Bateman in **"American Psycho"** von Tom Crusie inspirieren, nachdem er ihn in einem Interview sah. Bale sagte: "Da war diese sehr intensive Freundlichkeit mit Nichts hinter den Augen".

Der Nakatomi-Plaza im ersten **"Stirb Langsam"** war eigentlich der FOX-Plaza, also das kurz zuvor gebaute Hauptquatier des Studios. Somit demolierten John McTierman und Bruce Willis im Grunde das neue Zuhause ihrer Arbeitgeber.

Gästebucheintrag:

_____

_____

_____

_____

_____

_____

_____

_____

_____

Dan Akroyds ursprüngliches Skript zu **"Ghostbusters"** war in der Zukunft angelegt, wo Geisterjäger zum täglichen Leben, ähnlich wie Rettungssanitäter, gehören.

Im amerikanischen Original von **"Stirb Langsam"** haben die Bösewichte deutsche Name. Diese wurden in der deutschen Synchronisation geändert, damit sich das deutsche Publikum nicht auf den Schlips getreten fühlt.

Gästebucheintrag:

_____

_____

_____

_____

Der Film mit dem höchsten Bodycount, ist **"Herr der Ringe: Die Rückkehr des Königs"**, mit knapp 836 Leichen.

In **"Der blutige Pfad Gottes"** fällt das Wort "Fuck" über 246 mal.

Wenn Morgen Freaman in **"Die Verurteilten"** sagt "...vielleicht, weil ich Ire bin.", dann ist das gar nicht so scherzhaft gemeint, wie man vermuten könnte.
In Stephen Kings Buchvorlage ist der von ihm dargestellte Charakter tatsächlich ein weißer Ire.

Peter Benchley, Autor der Vorlage zu **"Der weiße Hai"** hat im Film einen kleinen Auftritt als TV-Reporter.
Es wurde berichtet, dass er von Set verbannt wurde, nachdem er nicht aufhören konnte mit Steven Spielberg über das Ende des Films zu streiten.

Virtueller Sargnagel: Die Zigarette, die Sigourney Weaver in **"Avatar"** raucht, ist komplett computeranimiert.

Gästebucheintrag:

_____

_____

_____

_____

_____

_____

_____

Die Lichteffekte in der Eier-Kammer in **„Alien"** wurden mit blauen Lasern der Band "The How" erzeugt, welche im Klangstudio nebenan ihre Show vorbereiteten. Ridley Scott borgte sich die Dinger einfach mal aus.

Paul Bettany, der Sprecher der künstlichen Intelligenz J.A.R.V.I.S in Marvel´s **"Iron Man" und "The Avengers"** hat zugegeben, dass er keinen der Filme jemals geguckt hat.

Gästebucheintrag:

_____

_____

_____

_____

_____

Super als Trinkspiel: Der Ausdruck "Alter Knabe" ("Old Sport") wurde 55 mal in dem Film **"Der Große Gatsby"** ausgesprochen.

Cortney Love behauptete immer wieder, dass ihrem Mann Kurt Cobain die Rolle des Dealers Lace in **"Pulp Fiction"** angeboten wurde. Quentin Trantino wiedersprach und sagte, er sei Cobain nie begegnet.

Gästebucheintrag:

_____

_____

_____

_____

_____

_____

Jung übt sich! Nur 12 Jahre Altersunterschied liegen zwischen den Schauspielern Sean Connery und Harrison ford, die im dritten **"Indina Jones"**-Film Vater und Sohn spielten.

Gästebucheintrag:

_____

_____

_____

_____

_____

_____

_____

_____

_____

_____

_____

Für die ersten vier Tage der Produktion von **"The Dark Knight"** verfrachtete Christopher Nolan alle am Dreh Beteiligten in ein "Film Bootcamp" und zeigte ihnen die Filme, deren Stimmung er in "The Dark Knight" gern übernehmen würde.
Gezeigt wurden, in dieser Reihenfolge: King Kong Citizen Kane, Katzenmenschen, Stalag 17. Schwarzer Sonntag, A Clockwork Orange, Heat und Batman Begins.

Kevin Spacey wurde nur 2 Tage vor dem Drehstart des Films **"Sieben"** für seine Rolle verpflichtet.

Ridleys gealterte Tochter in der Special-Edition-Fassung von **"Alien"** wird von Sigourney Weavers Mutter gespielt.

Die Fäkalien in die der kindliche Jamal, in **"Slumdog Millionaire",** springen musste, bestanden in Wirklichkeit aus Erdnussbutter und Schokolade.

Gästebucheintrag:

_____

_____

_____

_____

_____

_____

Ursprünglich sollte Martin Balsam aus **"Psycho"** und **"Die 12 Geschworenen"** die Stimme der künstlichen Intelligenz H.A.L in **"2001 - Eine Weltraum Odyssee"** sprechen.
Da Stanley Kubrik aber meinte, dass seine Stimme dem Publikum zu vertraut erscheinen könnte, entschied sich dieser gegen Balsam und Douglas Rain bekam den Job.

Gästebucheintrag:

_____

_____

_____

_____

_____

_____

_____

_____

Der erste nackte Zombie in **"Re-Animator"** wurde von Stuntman Peter Kent verkörpert, welcher schon in **"Terminator"** für Arnold Schwarzenegger den nackten Arsch hinhalten musste.

Schauspieler Josh Hutcherson las die komplette **"The Hunger Games"**-Trilogie in nur fünf Tagen, um sich auf seine Rolle Peeta Mellak vorzubereiten.

Gästebucheintrag:

_____

_____

_____

_____

_____

_____

Der Titel von **"Blade Runner"** hat nichts mit Philip K. Dicks Vorlage ("Träumen Androiden von elektrischen Schafen?") gemein. Er stammt von Alan E. Nourse´s Novelle über den Schwarzmarkthandel von medizinischen Bedarf in einer dystopischen Zukunft.

Gästebucheintrag:

_____

_____

_____

_____

_____

_____

_____

_____

_____

Der Film **"Top Gun"** bescherte den Rekrutierungsstellen der US Navy, nach seiner Ausstrahlung, einen Anstieg der Bewerber um satte 500%.

Besser spät als nie!
Im Jahre 2002 beendete Steven Spielberg das College, nach 33 jähriger Pause.

Gästebucheintrag:

_____

_____

_____

_____

_____

_____

_____

_____

_____

Tony Curtis konnte in **"Manche mögens heiß"** die hohe Stimme für seine weibliche Rolle nicht halten, weshalb der Großteil seiner Dialoge mit Paul Frees nachsynchronisiert wurde.

Gästebucheintrag:

_____

_____

_____

_____

_____

_____

_____

_____

_____

_____

Regisseur Ruggero Deodato musste nach seinem Film **"Cannibal Holocaust"** vor Gericht beweisen, dass es sich dabei um keinen Snuff-Film handelt und alle darin gezeigten Schauspieler den Dreh auch tatsächlich überlebt haben.

Gästebucheintrag:

_____

_____

_____

_____

_____

_____

_____

_____

_____

Natalie Portman renkte sich beim Dreh von **"Black Swarm"** eine Rippe aus und musste dann herausfinden, dass das Budget des Films so schmal bemessen war, dass die Produktion nicht mal einen Arzt für sie zur Verfügung stellen konnte. Damit sie medizinische Betreuung bekam, verzichtet die auf ihren Wohnwagen.

Gästebucheintrag:

_____

_____

_____

_____

_____

_____

_____

Peter Jackson war nicht der Erste, der den "Hobbit" verfilmte. Es gab bereits eine sowjetische Verfilmung aus dem Jahr 1985. Diese kann man, unter Anderen, auf Youtube finden.

"Herr der Ringe" wurde übrigens auch bereits 1978 von Ralph Bakshi als Zeichentrickfilm umgesetzt.

Gästebucheintrag:

_____

_____

_____

_____

_____

_____

_____

_____

Die Schauspieler, die Michey Mouse und Mimi Mouse in den 1930ern sprachen, heirateten auch im realen Leben.

Die Ewoks wurden bei ihrem ersten Auftritt in "**Star Wars: Die Rückkehr der Jedi Ritter**" niemals Ewoks genannt.

Gästebucheintrag:

_____

_____

_____

_____

_____

_____

_____

Bei einem Besuch am Set von **"Der weiße Hai"** steckte George Lucas seinen Kopf in das Maul der Hai-Attrappe "Bruce", woraufhin Steven Spielberg das Maul zuschnappen lies.
Der Scherz ging nach hinten los. Die Mechanik versagte, das Maul ließ sich nicht wieder öffnen und Lucas blieb ein Weilchen mit dem Kopf darin stecken.

Gästebucheintrag:

_____

_____

_____

_____

_____

_____

In der Szene in **"Alien"**, in der sich der kleine Chestburster (Baby-Alien) durch die Brust von John Hurt bohrt, ist der überraschte Ausdruck des Schauspielers nicht ganz gespielt. Dieser wurde vor dem Dreh der Szene nicht darüber informiert, was eigentlich passieren würde.

Gästebucheintrag:

_____

_____

_____

_____

_____

_____

_____

Die Behauptung, dass
Marlon Brando sich für seine
Rolle, in **"Der Pate"** Watte in
die Mundwinkel steckte, um
seine Wangen aufzufüllen,
ist nicht ganz korrekte.
Dies tat er nur bei
Vorführungen fürs Publikum.
Beim Dreh hatte er dafür ein
extra angefertigtes
Mundstück.

Gästebucheintrag:

_____

_____

_____

_____

_____

_____

_____

_____

Der Film **"Hugo Cabret"** war Martin Scorsese's erster Film, seit 12 Jahren, in dem Leonardo DiCaprio keine Rolle inne hatte.

Zwar hat Ridley Scott beim Dreh von **"Thelma und Luise"** drüber nachgedacht, ob Luise Thelma am Ende küssen sollte, tatsächlich aber hat Susan Sarandon dies von sich aus gemacht. Und weil es der letzte Dreh am letzten Tag, war, blieb Scott keine andere Wahl, als die Aufnahme für den Film zu verwenden.

Pierce Brosnan wurde es, von 1995 bis 2002, vertraglich verboten in Nicht-**James-Bond-**Filmen einen kompletten Smoking zu tragen.

Charlie Sheen blieb 48 Stunden wach, um für seine kleine Rolle in "**Ferris macht Blau**" möglichst abgewrackt auszusehen.
Dafür, dass er angeblich Tigerblut getrunken haben soll, gibt es wiederum keine Beweise.

Gästebucheintrag:

_____

_____

_____

_____

_____

_____

Conrad Veidt, der in **"Casablanca"** einen Nazi spielte, war das genaue Gegenteil seines von ihm verkörperten Charakters. Tatsächlich flüchtete der NS-Gegner seinerzeit aus Nazideutschland mit seiner jüdischen Frau.

Alfred Hitchcock wurde, von Walt Disney persönlich, das Drehen in Disneyland verboten, weil der "diesen widerlichen Film, **Psycho**" gedreht hatte.

Gästebucheintrag:

_____

_____

_____

_____

_____

Die Raumnummer des Zimmers 217 aus Stephen Kings Roman **"Shining"** wurde für den Film in Raum 237 geändert, weil das Hotel Timberline Lodge in Oregon, wo der Dreh stattfand, befürchtete, dass nach dem Film, niemand mehr dieses Zimmer hätte buchen wollen.

Pumba, in **"König der Löwen"**, war die erste Disneyfigur, der es gestattet wurde zu furzen.

Gästebucheintrag:

_____

_____

_____

_____

_____

_____

_____

Alle drei Hauptdarstellerinnen der ersten **"Carrie"-Verfilmung** haben Regisseure geheiratet. Sissy Spacek heiratet Jack Fisk, Amy Irving ehelichte Steven Spielberg und Nancy Allen wurde Brain De Palmas Frau.

Gästebucheintrag:

_____

_____

_____

_____

_____

_____

_____

_____

_____

Joseph Stefano, der Drehbuchautor von **"Psycho",** war absolut davon besessen eine spülende Toilette im Film zu Zeigen, was seinerzeit (man mag es nicht glauben) im Kino ein Novum war und echtes Skandalpotential hatte. Dies erlaubte Alfred Hitchcock nur, unter dem Umstand, wenn Stefano es schaffen würde, die Szene sinnvoll im Film darzustellen.

...Schließlich entsorgte Marion Crane im Film Beweise in einer Toilette.

Porno-Legende Ron Jeremy
ist als Statist im Finale von
"Ghostbusters" zu sehen.

Judo-Meister Gene LeBelle soll
auf einem Film Set Steven Seagal
bewusstlos gewürgt haben.
Außerdem soll sich Seagal dabei
eingeschissen haben.

Jedes mal, wenn John
Travolta in **"Pulp Fiction"**
ein Badezimmer betritt
passiert ein Unglück.

Gästebucheintrag:

_____

_____

_____

_____

_____

_____

James Woods feuerte seinen Agenten nachdem er heraus gefunden hatte, dass Quentin Tarantino ihn für seinen **"Reservoir Dogs"** haben wollte. Der Film war da aber schon abgedreht gewesen.

Gästebucheintrag:

_____

_____

_____

_____

_____

_____

_____

_____

_____

_____

Peter Ostrum, der den kleinen Charlie, in **"Williy Wonka und die Schokoladenfabrik"** gespielt hat, hat danach nie wieder in einem Film mitgespielt. Heute ist er Tierarzt.

FOX entschied sich gegen den Film "Watchman - Die Wächter", weil sie der Meinung waren, dass das Drehbuch das "unverständlichsten Stücke Scheiße aller Zeiten" war.

Gästebucheintrag:

_____

_____

_____

_____

_____

_____

_____

_____

David Fincer bat einen Stuntman zwölfmal eine Treppe herunter zu stürzen, um den Kampf vom Brad Pitt und Edwart Norton in **"Fight Club"** darzustellen. Für den Film verwendet wurde dann aber lediglich der erste Sturz.

Gästebucheintrag:

_____

_____

_____

_____

_____

_____

_____

_____

_____

_____

Autsch! In der Szene in **"Drive"**, in der Ron Pearlman am Strand verprügelt wird, schlägt sich der Schauspieler sein Knie tatsächlich übel an und seine Schmerzensschreie im Film sind echt.

Die Dreharbeiten zu **"No Country for old Men"** musste für einen Tag, wegen einer großen Rauchwolke unterbrochen werden. Diese stammt vom Set von **"There will be Blood"**, der ganz in der Nähe gedreht wurde.

Gästebucheintrag:

_____

_____

_____

_____

_____

In die **"Üblichen Verdächtigen"** sollte die Szene, mit allen Charakteren in der polizeilichen Gegenüberstellung, eigentlich todernst dargestellt werden. Weil aber Benicio del Toro nicht aufhören konnte herum zu furzen, mussten die Schauspieler sich ständig das Lachen verkneifen und konnten nicht konstant ernst bleiben.

Gästebucheintrag:

_____

_____

_____

_____

_____

Schwanzparade: Beim Dreh von John Carpenters Kult-Klassiker **"Das Ding aus einer anderen Welt"** war die komplette Besetzung und das ganze Drehteam männlich.
Hätte sie doch zumindest eine Frau als Glücksbringer dazu geholt. Denn der Film floppte bei den Kritikern und an den Kinokassen.
Erst Jahre später kam er zu seinem wohl verdienten Ehren als Meisterwerk.

Gästebucheintrag:

_____

_____

_____

_____

_____

_____

_____

Das Haus in welchem sich die wahre Geschichte von **"The Conjuring"** ereignet haben soll, beherbergte über acht Generationen von Familien, die darin gelebt und gestorben sind bevor die Familie Perron einzog. In dem Haus gab es u.a. eine tödliche Vergiftung, zwei Selbstmorde, die Vergewaltigung und Ermordung eines elfjährigen Mädchens, zwei Tode durch Ertrinken und vier Männer die erfroren sind.

Gästebucheintrag:

Weder Michelle Rodriguez,
noch Jordana Brewster
hatten vor dem Dreh von
"The Fast and the Furious"
Führerscheine.

Das originale Rohmaterial
von **"Apocalypse Now"** war
über 230 Stunden lang.

Gästebucheintrag:

_____

_____

_____

_____

_____

_____

_____

_____

_____

Walt Disney bezahlte den Zeichnern von **"Schneewittchen und die sieben Zwerge"** fünf Dollar für jeden Gag, der es in den fertigen Film schaffte.

Gästebucheintrag:

_____

_____

_____

_____

_____

_____

_____

_____

_____

_____

_____

_____

Katherine Hepburn trank beim Dreh von **„The African Queen"** nur Wasser, um gegen den hohen Alkoholkonsum von John Huston und Humphrey Bogart zu protestieren Jedenfalls wurde der größte Teil der Besetzung und der Crew vom Wasser krank. Einzig auf Bogart und Huston hatte das keine Auswirkung, weil diese nur Whiskey tranken.

Gästebucheintrag:

_____

_____

_____

_____

_____

_____

_____

_____

Alfred Hitchcock verzichtet darauf Steven Spielberg jemals kennen zu lernen, weil er sich "wie eine Hure" fühlte.

Der Hintergrund der Sache war, dass Steven Spielberg ein großer Fan von Alfred Hitchcock war und sein Vorbild unbedingt mal kennen lernen wollte. Deshalb lungerte Spielberg tagelang, um das Set von "Familiengrab" herum, bis Hitchcock die Security darum bat "diesen Mann" zu entfernen.

Als ihm kurz darauf gesagt wurde, dass es sich dabei um Spielberg handelte, der nur gern mal 5 Minuten mit ihm verbringen würde, sagte Hitchcock, dass er das wüsste.

Da er aber kurz zuvor für die Attraktion zu **"Der weiße Hai"**, dem "Jaws Ride", den Voiceover (für immerhin 1000.000 Dollar) eingesprochen hatte, fühlte er sich wie eine Hure und fand, dass er dies auch Spielberg zu verdanken hatte.

Er sagte: "Ich kann mich nicht hinsetzen und mit diesen Jungen reden, der den Fisch-Film gemacht hat. Ich kann ihm nicht mal die Hand schütteln."

Wenn man, in **"Star Wars: Das Imperium schlägt zurück"** beim Flug des Millennium-Falken durch das Asteroiden-Feld ganz genau hinschaut, erkennt man dort einen Schuh und eine Kartoffel.

Diese wurden von den Effektmachern als Schertz eingebaut. Nicht einmal George Lucas wusste davon, bevor ihn ein paar Zuschauer darauf aufmerksam machten.

Gästebucheintrag:

_____

_____

_____

_____

_____

_____

_____

_____

Jim Caviezel wurde beim Dreh der Bergpredigt für **"Die Passion Christi"** buchstäblich vom Blitz getroffen. Ob Gott seine Finger da im Spiel hatte?

Das Skelett am Ende vom Original **"The Texas Chainsaw Massacre"** ist tatsächlich ein menschliches Gerippe. Es stammte aus Indien.

Gästebucheintrag:

_____

_____

_____

_____

_____

_____

Doug Bradley wurde bei der Post Production Party von **"Hellraiser"** von den Gästen komplett ignoriert, weil er am Set nie ohne "Pinhead"-Make-Up zu sehen war, und die Leute ihn einfach nicht wieder erkannten.

Weil sich Orson Wells, mitten im Dreh von **"Citizen Kane"**, sein Sprungbein gebrochen hatte, musste er den Film im Rollstuhl zu Ende bringen.

Gästebucheintrag:

_____
_____
_____
_____
_____
_____

Tony Todd hatte beim Dreh von **"Candyman"** echte Bienen im Mund. Nur ein dünnes Netz bewahrte die Tierchen davor verschluckt zu werden.
Ruhe und Gelassenheit den Todd davor gestochen zu werden.

Robert Englund schnitt sich beim ersten Umgang mit dem Freddy-Krueger-Handschuh, für den Film **"A Nightmare on Elm Street"** böse in die Hand auf. Ursprünglich wollte Regisseur Wes Craven einen Stuntman für die Rolle verpflichten.

Auch interessant: Der Pulli von Freddy Krueger ist deswegen Rot-Grün gestreift, weil es für das menschliche Auge die unangenehmste Farbkombination ist.

Darstellerin Shelly Duval musste fast den ganzen Dreh von **„The Shining"** in einem konstanten Zustand der Hysterie verbringen und so viel weinen, dass man jede Mengen Flaschen Wasser in ihrer Nähe lagern musste, um sie vor dem Dehydrieren zu bewahren.

Gästebucheintrag:

_____

_____

_____

_____

_____

_____

_____

_____

_____

_____

_____

Die Sprache der Aliens in **„District 9"** entstand durch das Reiben von Gummi an einem Kürbis.

Die Große Weltraum-Reise-Maschine in dem Film **„Contact"** war ursprünglich als Zeitmaschine für „Terminator 2" gedacht. Ein ähnlicher Entwurf wurde für Terminator: Genysis verwendet.

Gästebucheintrag:

_____

_____

_____

_____

_____

_____

_____

Nicht ganz perfekt gelaufen:
Einige Szenen in
„Braveheart" mussten neu
gedreht werden, weil Statisten
Armbanduhren und
Sonnenbrillen trugen. Schaut
man ganz genau hin, kann man
in einer Szene im Hintergrund
einen Traktor erkennen.

**„My big fat greek
Wedding"** war mit 250
Millionen an Einnahmen ein
großer, fetter Hit. Trotzdem war
der Film nie auf Platz 1 der
Kinocharts.

Gästebucheintrag:

_____

_____

_____

_____

_____

_____

_____

NOTFALLBLATT!

NOTFALLBLATT!

NOTFALLBLATT!

Sollte das Toilettenpapier gerade zu neige gegangen sein, füllen sie sich frei, dieses Blatt aus dem Buch zu reißen.

NOTFALLBLATT!

NOTFALLBLATT!

NOTFALLBLATT!

NOTFALLBLATT!

NOTFALLBLATT!

NOTFALLBLATT!

Sollte das Toilettenpapier gerade zu neige gegangen sein, füllen sie sich frei, dieses Blatt aus dem Buch zu reißen.

NOTFALLBLATT!

NOTFALLBLATT!

NOTFALLBLATT!

Impressum:
Autor: Andreas Port **Herausgeber:** Adrian Majewski.
Herstellung und Verlag: B o D - Books on Demand,
Norderstedt, ISBN 978-3-7386-3853-0